Ernst Benda
Das Berliner Kabelpilotprojekt – erste Erfahrungen

Schriftenreihe
der
Juristischen Gesellschaft zu Berlin

Heft 106

1987

Walter de Gruyter · Berlin · New York

Das Berliner Kabelpilotprojekt – erste Erfahrungen

Von
Ernst Benda

Vortrag
gehalten vor der
Juristischen Gesellschaft zu Berlin
am 8. Oktober 1986

W
DE
G

1987

Walter de Gruyter · Berlin · New York

Professor Dr. jur. h. c. Ernst Benda
Präsident des Bundesverfassungsgerichts a. D.,
Institut für öffentliches Recht
der Albert-Ludwigs-Universität, Freiburg i. Br.

CIP-Kurztitelaufnahme der Deutschen Bibliothek

Benda, Ernst:
Das Berliner Kabelpilotprojekt – erste Erfahrungen ; Vortrag,
gehalten vor d. Jur. Ges. zu Berlin am 8. Oktober 1986 /
von Ernst Benda. –
Berlin ; New York : de Gruyter, 1987.
(Schriftenreihe der Juristischen Gesellschaft zu
Berlin ; H. 106)
ISBN 3 11 011436 4
NE: Juristische Gesellschaft 〈Berlin, West〉: Schriften-
reihe der Juristischen Gesellschaft e. V. Berlin

I. Einleitung

Das Thema meines Vortrages führt unmittelbar zu Fragen, die gegenwärtig von hoher Aktualität sind. Voraussichtlich schon in den nächsten Tagen wird der Berliner Kabelrat eine UKW-Hörfunkfrequenz zu vergeben haben. Er hat angekündigt, daß hierbei ein Gemeinschaftsunternehmen Berliner Anbieter berücksichtigt werden wird. Eine zweite Frequenz wird demnächst zu vergeben sein. Auch im Fernsehbereich könnten drahtlos empfangbare weitere Frequenzen in absehbarer Zeit zusätzlich zur Verfügung stehen, und über ihre Verteilung wird zu entscheiden sein.

Auch die überregionale Situation im Rundfunk ändert sich. Nach den zwischen den norddeutschen und den süddeutschen Ländern abgeschlossenen Staatsverträgen wird alsbald über die auf dem direkt abstrahlenden Satelliten TV-Sat verfügbaren Kanäle zu befinden sein. Der Wettbewerb findet einerseits um die zusätzlichen terrestrischen Fernsehfrequenzen statt. Hauptkonkurrenten hierbei sind die privaten Veranstalter SAT 1 und RTL-Plus. Andererseits konkurrieren auch die Bundesländer miteinander. Es geht zwischen ihnen um den neuen Standort der Veranstalter. Für Berlin ist es von großer medien- und allgemeinpolitischer Bedeutung, ob es hierbei berücksichtigt wird.

Alle diese aktuellen Vorgänge spielen sich vor einem medienrechtlichen Umfeld ab, das in hohem Maße unübersichtlich ist. Es wird kontrovers diskutiert. Die lange andauernden Bemühungen der Ministerpräsidenten der Bundesländer um einen Staatsvertrag zur Neuordnung des Rundfunkwesens haben bisher nicht zum Erfolg geführt. Wieder einmal richten sich die Hoffnungen auf das Bundesverfassungsgericht. Es wird am 4. November 1986 sein Urteil in dem Rechtsstreit um das Niedersächsische Landesrundfunkgesetz verkünden[1]. Vielfach wird erwartet, daß es hierbei einige der gegenwärtig offenen Fragen zur künftigen Gestaltung der Medienordnung beantworten wird.

Es ist nicht sinnvoll, heute über eine Entscheidung zu spekulieren, die in wenigen Wochen vorliegen wird. An dem dritten Rundfunkurteil des Bundesverfassungsgerichts, der Entscheidung zum Saarländischen Rundfunkgesetz[2], habe ich noch als Mitglied des Gerichts mitgewirkt. In den letzten zwei Jahren habe ich die Medienentwicklung aus dem anderen

---

[1] Das Urteil – mittlerweile verkündet – ist veröffentlicht in EuGRZ 1986, 577 ff. = NJW 1987, 239 ff. Im folgenden wird das Urteil nach der – vollständigeren – Fassung in EuGRZ 1986, 577 ff. zitiert.

[2] BVerfGE 57, 295

Blickwinkel des Kabelrates verfolgt, des gesetzesanwendenden Kontroll-
organs für das Berliner Kabelpilotprojekt.

Die in der Entscheidung von 1981 enthaltenen verfassungsrechtlichen
Grundsätze sind auch für den Berliner Gesetzgeber verbindlich. Bei dem
Berliner Kabelpilotprojekt handelt es sich um einen zeitlich und örtlich
begrenzten Versuch. Auch ein solcher Versuch hat, ebenso wie eine
definitive Regelung, Grundrechtsbezüge, die der Gesetzgeber beachten
muß. Ihm kommt aber bei einem Pilotprojekt „eine erheblich größere
Gestaltungsfreiheit" zu, da der Versuch der Aufgabe dient, Erfahrungen
zu gewinnen[3].

Eben in der Zielsetzung, praktische Erfahrungen zu gewinnen, liegt die
besondere und positiv zu beurteilende Bedeutung des Berliner Kabelpilotprojekts. Der Versuch läuft jetzt seit einem Jahr. Nach Ablauf des
insgesamt fünfjährigen Versuchs werden wir vieles genauer wissen, als die
unendlichen theoretischen und oft ideologisch eingefärbten Kontroversen
der letzten Jahre gebracht haben. Der Gesetzgeber wird aus den Ergebnissen Folgerungen ziehen können. Nach Ablauf eines erst relativ kurzen
Zeitraums wäre es verfehlt, heute schon abschließende Feststellungen
treffen zu wollen. Immerhin bieten sich aber einige erste Erkenntnisse an,
die ich vermitteln will. Aus ihnen ergeben sich noch keine Antworten,
wohl aber offene Fragen. Sie sollen nach Möglichkeit präziser formuliert
werden, als sich aus der weitgehend von Schlagworten beherrschten
medienpolitischen und teilweise auch der medienrechtlichen Diskussion
ergibt.

II. Die Sondersituation im Bereich des Rundfunkwesens

Das erste Rundfunkurteil des Bundesverfassungsgerichts aus dem Jahre
1961 spricht von einer „Sondersituation im Bereich des Rundfunkwesens". Dem Rundfunk sei eigen, daß „sowohl aus technischen Gründen
als auch mit Rücksicht auf den außergewöhnlich großen finanziellen
Aufwand für die Veranstaltung von Rundfunkdarbietungen die Zahl der
Träger solcher Veranstaltungen verhältnismäßig klein bleiben muß".
„Diese Sondersituation im Bereich des Rundfunkwesens erfordert besondere Vorkehrungen zur Verwirklichung und Aufrechterhaltung der in
Artikel 5 GG gewährleisteten Freiheit des Rundfunks"[4].

Sowohl das erste wie auch das zweite Rundfunkurteil ließen die Frage
offen, welche rechtliche Bedeutung es haben würde, wenn sich diese

---

[3] BVerfGE 57, 295, 324.
[4] BVerfGE 12, 205, 261.

tatsächliche Ausgangslage ändern sollte[5]. Ausgangspunkt zahlreicher Äußerungen im Schrifttum, die sich mit der Zulässigkeit oder der verfassungsrechtlichen Notwendigkeit einer Öffnung des Rundfunksystems auch für private Veranstalter beschäftigt, war der vielfach behauptete Fortfall der bisherigen Frequenzknappheit.

Im dritten Rundfunkurteil von 1981 heißt es hierzu, daß es auch bei einem Fortfall der Sondersituation des Rundfunks „bei dem verfassungsrechtlichen Erfordernis gesetzlicher Vorkehrungen zur Gewährleistung der Freiheit des Rundfunks" bleiben müsse. „Zwar können diese in einer Situation der unvermeidbaren Beschränkung auf wenige Träger von Rundfunkveranstaltungen in weiterem Umfang nötig werden und andere Mittel erforderlich machen als in einer Lage, in der diese Beschränkung nicht mehr besteht ... Auch bei einem Fortfall der bisherigen Beschränkungen könnte nicht mit hinreichender Sicherheit erwartet werden, daß das Programmangebot in seiner Gesamtheit kraft der Eigengesetzlichkeit des Wettbewerbs den Anforderungen der Rundfunkfreiheit entsprechen werde. Gewiß mag manches dafür sprechen, daß sich dann eine begrenzte Vielfalt einstellen werde, wie sie heute etwa im Bereich der überregionalen Tageszeitungen besteht. Doch handelt es sich dabei nur um eine Möglichkeit..."[6].

Aus der bisherigen Rechtsprechung des Bundesverfassungsgerichts läßt sich daher entnehmen: Der Gesetzgeber bleibt verpflichtet, Vorkehrungen zur Gewährleistung der Freiheit des Rundfunks zu treffen. Andererseits hängen Art und Umfang der erforderlichen Vorkehrungen von der Entwicklung der technischen und wirtschaftlichen Situation im Rundfunkbereich ab[7]. So ist es von erheblichem Interesse, ob sich aus dem bisherigen Verlauf des Berliner Kabelpilotprojekts hierüber schon verallgemeinerungsfähige Erkenntnisse gewinnen lassen.

a) Die Entwicklung der technischen Kapazitäten

Die Beurteilung der bisherigen Entwicklung führt zu differenzierenden Ergebnissen.

Hinsichtlich der technischen Kapazitäten ergibt sich aus den Berliner Erfahrungen, daß durch die Entwicklung der Kabel- und der Satelliten-

---

[5] BVerfGE 12, 205, 261; 31, 314, 326; vgl. BVerfGE 57, 295, 322.

[6] BVerfGE 57, 295, 322 f.; vgl. auch BVerfG EuGRZ 1986, 577 (578).

[7] BVerfG EuGRZ 1986, 577 (586): „Bei der Beurteilung der Anforderungen, die sich ... für die Rundfunkgesetzgebung der Länder ergeben, dürfen die ... modernen Entwicklungen auf dem Gebiet des Rundfunks nicht unberücksichtigt bleiben."

technik die bisherige Knappheitssituation entfallen ist. Die vorhandenen Kapazitäten reichen sowohl im Hörfunk als auch im Fernsehen für alle aus, die Rundfunk veranstalten können.

Im Vergleich zur herkömmlichen Verbreitung durch die Luft kann das Kabel mehr Programme übertragen. In Berlin bestehen gegenwärtig im Kabel Kapazitäten für 23 Fernsehprogramme und 25 Hörfunkprogramme. Nur zu Beginn des Kabelpilotprojekts bestanden Knappheitssituationen. Es lagen zunächst mehr Anforderungen vor, als nach den Kapazitäten berücksichtigt werden konnten. Binnen kurzer Zeit konnte aber die Knappheitssituation überwunden werden. Heute sind nicht alle technisch möglichen Kabelkanäle besetzt. Im Bedarfsfall kann die Kapazität des Breitbandkabels noch erweitert werden.

Ähnlich ist die Entwicklung bei den Satelliten. Es gibt heute mehr Satellitenkanäle, mit denen Fernsehprogramme europaweit so verteilt werden können, daß sie an Kabelanlagen empfangen und dort weiterverbreitet werden können, als Interessenten vorhanden sind. Weitere Satelliten sind für die nächsten Jahre vorgesehen. Nicht die technischen Kapazitäten sind knapp, sondern die Veranstalter, die Satelliten in wirtschaftlich erfolgversprechender Weise nutzen können.

Dagegen besteht bei der herkömmlichen Übertragung durch die Luft noch eine technisch bedingte Knappheit. Um die zusätzlich verfügbar gewordenen Hörfunkfrequenzen besteht, auch in Berlin, ein lebhafter Wettbewerb. Andererseits stehen heute schon in einigen Regionen im Bundesgebiet mehr Hörfunkfrequenzen zur Verfügung, als voraussichtlich genutzt werden können. Auch terrestrische Fernsehfrequenzen sind noch in einem größeren Umfange vorhanden, als bisher angenommen wurde. Dies gilt auch für Berlin.

Allerdings werden im Fernsehbereich die Frequenzen knapp bleiben. Es wird nicht möglich sein, alle heute über das Kabel verfügbaren Programme durch die Luft zu übertragen. Hieraus könnte sich eine auch rechtlich interessante Aufgabenverteilung ergeben, welche zugleich die Knappheit relativieren würde. Über die Luft empfangen und damit praktisch von allen Teilnehmern empfangbar würden die Programme werden, die einer gewissen Grundversorgung dienen. An sie sollten hinsichtlich der Sicherung der Meinungsvielfalt besondere Ansprüche gestellt werden. Zusätzliche Programme wären über Kabel verfügbar, die den weiten Verbreitungsradius der Satelliten nutzen, wie ausländische Programme oder Spartenprogramme, aber auch dritte Programme, wie sie heute in Berlin über Kabel empfangbar sind. Mit weiterer Verbreitung der Satellitentechnik wird sich schließlich der Vorsprung der über erdgebundene Sender verbreiteten Programme gegenüber der Satellitenübertragung verringern. Die Satellitenkapazitäten sind nahezu unerschöpflich[6].

b) *Finanzieller Aufwand der Rundfunkveranstalter*

Der zweite Grund für die Sondersituation des Rundfunks ist der hohe finanzielle Aufwand. Hier hat sich die Lage nicht zugunsten einer Beseitigung der Knappheitssituation verändert; eher ist das Gegenteil der Fall. Die praktische Erprobung in Berlin hat viele Hoffnungen der Interessenten enttäuscht. An den wirtschaftlichen Gegebenheiten sind alle bisherigen Versuche, ein lokales Fernsehprogramm zu veranstalten, gescheitert. Es gibt zwar noch eine größere Zahl kleinerer Veranstalter, aber sie sind sämtlich nicht in der Lage, ein Fernsehvollprogramm zu veranstalten. Auch Pay-TV und Abonnementsfernsehen haben sich bisher nicht realisieren lassen. Allerdings will sich die PK Berlin (Projektgesellschaft für Kabelkommunikation) in der Stufe 3 des Pilotprojektes verstärkt in einem Experiment mit rund 10 000 Teilnehmern den Möglichkeiten des Pay-TV zuwenden[9]. Auch der erhoffte Kulturkanal ist nicht zustande gekommen, ebensowenig ein Nachrichten- oder ein Sportkanal. Der offene Kanal besteht, bleibt aber hinter ehrgeizigeren Erwartungen zurück. Alle diese Defizite beruhen vorrangig auf wirtschaftlichen Ursachen. Dabei hat Berlin im Vergleich zu anderen Kabelpilotprojekten besonders günstige Voraussetzungen. Es verfügt über das bei weitem größte Kabelnetz der Bundesrepublik, es hat günstige Voraussetzungen für die Programmproduktion und die Tradition einer Medienstadt.

Das Kabelfernsehen hat durchaus auch Neues gebracht, aber mit ihm ist das Fernsehen nicht noch einmal erfunden worden. Wer gänzlich Neues und Einzigartiges erwartete, wurde enttäuscht. Es gibt fünf zusätzliche Programme der öffentlich-rechtlichen Rundfunkanstalten, darunter die dritten Programme aus Bayern und vom WDR. Daneben stehen die privaten Fernsehvollprogramme von SAT 1 und RTL-Plus und fremdsprachige Programme wie den Sky Channel. Bemerkenswert hohes Zuschauerinteresse bei den in Berlin lebenden Türken besteht für das türkischsprachige Programm.

Dagegen haben sich berlinspezifische Programme nicht durchsetzen können. Das meiste, was in Berlin zusätzlich zu sehen ist, kann auch in anderen Bundesländern empfangen werden. Regionales Fernsehen ist in Berlin wie überall sonst, wo es versucht worden ist, gescheitert.

---

[8] Das Bundesverfassungsgericht hat in seinem Urteil vom 4. November 1986 nunmehr ebenfalls eine Verbesserung der technischen Voraussetzungen für die Veranstaltung und Verbreitung von Rundfunkprogrammen außer im Bereich der terrestrischen Frequenzen festgestellt. Hinsichtlich der wirtschaftlichen Voraussetzungen besteht die Sondersituation nach Ansicht des Bundesverfassungsgerichts weiter fort: BVerfG EuGRZ 1986, 577 (578).

[9] Vgl. Presse-Informationen Nr. 25/86 vom 27. 8. 1986 der PK Berlin.

Die entscheidende Grenze, die einer Vermehrung der Fernsehprogramme entgegensteht, ist heute wie 1961 der hohe Finanzaufwand. Bei
der ARD liegen die Durchschnittskosten pro Sendeminute bei mehr als
4000 DM. Bei einer Vermehrung der Zahl der Programme werden die
Kosten nicht geringer. Die Konkurrenz führt im Gegenteil zu steigenden
Preisen bei denjenigen Programminhalten, die hohes Zuschauerinteresse
finden. Ein Beispiel hierfür ist das Pokerspiel um die Fußballübertra-
gungsrechte oder die steigende Tendenz der Preise für Spielfilme.

c) Finanzierung als Grundlage der Vielfalt

Wenn eine Vielfalt des Programmangebots bestehen soll, muß als
entscheidende Voraussetzung hierfür die Möglichkeit seiner Finanzierung
geschaffen werden. Nur wer wenigstens langfristig damit rechnen kann,
seinen Investitions- und Programmaufwand wieder hereinzubekommen,
wird bereit sein, als Veranstalter aufzutreten.

Die öffentlich-rechtlichen Rundfunkanstalten konnten bisher den
überwiegenden Teil ihres Finanzbedarfs durch die Rundfunkgebühr dek-
ken, die unabhängig davon zu zahlen ist, was und wieviel jemand hört
oder sieht. Der Bürger mußte für das Fernsehen zahlen, ohne daß er nach
seinen Wünschen gefragt wurde. Er trug auch die Kosten für das zweite
und die dritten Programme oder für den Übergang vom Schwarz/Weiß-
zum Farbfernsehen.

Künftig wird diese Form der Finanzierung nicht mehr beliebig wachsen
können. Es ist jedenfalls nicht selbstverständlich, daß der Bürger unabhängig von seinem individuellen Interesse an einem über die Grundversorgung hinausgehenden Programmangebot auch für jedes etwaige weitere öffentlich-rechtliche Programm oder für die Nutzung der Satellitentechnik zahlen muß, zumal diese Technik auch den Empfang von Programmen ermöglicht, denen die Rundfunkgebühren nicht zugute kommen. Politisch und rechtlich wird in den nächsten Jahren zu entscheiden
sein, ob bei der Gebührenfinanzierung nicht auch die Wünsche des
Bürgers zu berücksichtigen sind, der grundsätzlich selbst darüber entscheiden sollte, ob ihm weitere Programme die damit verbundenen höhe-
ren Kosten wert sind.

Die privaten Rundfunkveranstalter können sich heute nur aus Werbeeinnahmen finanzieren. Die Einnahmen, die hierbei erreichbar sind,
richten sich nach den durch das Programm erreichten Zuschauerzahlen.
Die Reichweiten diktieren das Programm. Zunächst müssen Reichweiten
nachgewiesen, also das Programm vorfinanziert werden[10]. Der hierfür

---

[10] Diese Situation hat auch das Bundesverfassungsgericht seiner Überprüfung
des Niedersächsischen Landesrundfunkgesetzes zugrunde gelegt und die Form der

erforderliche Finanzbedarf ist gewaltig, und das Werbeaufkommen ist begrenzt und nicht beliebig vermehrbar. Nach den bisherigen Erfahrungen, die auch durch internationale Vergleiche bestätigt werden, werden in der Bundesrepublik neben den öffentlich-rechtlichen Anstalten nur zwei überregionale Fernsehvollprogramme privater Veranstalter existieren können. Sie werden, wenn sie auch durch die Luft empfangbar sind, regionale Fenster einräumen; damit erhalten auch regionale Veranstalter eine gewisse Existenzchance. Daneben wird es Spartenprogramme verschiedener Art geben, wie sie etwa in Berlin auf dem Mischkanal erscheinen. Damit ist im Bereich des Fernsehens das Maß des aus wirtschaftlichen Gründen Möglichen im wesentlichen ausgeschöpft.

Technisch heute schon möglich, aber aus wirtschaftlichen Gründen erst in späterer Zukunft realisierbar wäre die Finanzierung von Rundfunkprogrammen über Entgelte oder in einer Mischform von Entgelt- und Werbefinanzierung. Dies bedeutete die Anpassung an die Finanzierungsform der Presse. Den Zugang zu den verschlüsselten Programmen erhält nur, wer sie im Abonnement oder auf Einzelbestellung bezieht und bezahlt. Wie bei Zeitungen und Zeitschriften, bestimmt so allein der Bürger, was er sehen will. Hierfür muß er dann aber auch einen besonderen Preis entrichten. Heute ist diese Finanzierungsmethode, die erhebliche technische Aufwendungen für Verschlüsselung und Entschlüsselung erfordert, noch nicht wirtschaftlich lohnend. Ihr könnte aber die Zukunft gehören. Voraussetzung hierfür ist, daß die gebührenfinanzierte Grundversorgung und ihre Ergänzung durch ein entgeltfinanziertes Spartenprogramm zueinander in ein vernünftiges Verhältnis gebracht werden.

III. Auswirkungen der tatsächlichen Lage auf die Meinungsvielfalt nach dem Berliner Modell

a) Verfassungsrechtliche Grundlagen

In seinem dritten Rundfunkurteil hat das Bundesverfassungsgericht vom Gesetzgeber Vorkehrungen gefordert, die sicherstellen, daß „der Rundfunk nicht einer oder einzelnen gesellschaftlichen Gruppen ausgeliefert wird und daß in Betracht kommenden Kräfte im Gesamtprogrammangebot zu Wort kommen können". Es müsse gewährleistet werden, „daß das Gesamtangebot der inländischen Programme der bestehenden Meinungsvielfalt auch tatsächlich im wesentlichen entspricht"[11].

Werbefinanzierung mit Art. 5 Abs. 1 Satz 2 GG vereinbar erklärt: BVerfG EuGRZ 1986, 577 (592 f.).

[11] BVerfGE 57, 295, 325.

12

In der lebhaften medienrechtlichen Diskussion werden aus diesen beiden zentralen Sätzen der Entscheidung unterschiedliche Folgerungen gezogen. Einerseits wird hierdurch vom Gesetzgeber lediglich gefordert, sicherzustellen, daß alle in der Gesellschaft bestehenden Meinungen auch im Rundfunk Ausdruck finden *können*[12]. Andererseits wird das Bundesverfassungsgericht dahin verstanden, daß alle gesellschaftlich bedeutsamen Meinungen im Rundfunk auch tatsächlich zu Wort kommen *müßten*[13]. Wenn die letztere Meinung richtig ist, an ein außenpluralistisches Rundfunkmodell also strenge Anforderungen gestellt werden, wird es sich nach allen bisherigen Erfahrungen, wie sie insbesondere auch in Berlin gemacht worden sind, nicht verwirklichen lassen, ohne mit so hohen verfassungsrechtlichen Anforderungen in einen unlösbaren Konflikt zu geraten. Schon die Weigerung einzelner gesellschaftlich bedeutsamer Gruppen, an einem Modell teilzunehmen, wie etwa der Gewerkschaften, die bisher jeglichem privaten Rundfunk ablehnend gegenüberstehen, müßte dies zum Scheitern verurteilen[14]. Auch kann nach den bisherigen Berliner Erfahrungen, die durch die Ergebnisse in anderen Bundesländern bestätigt werden, aus den dargestellten wirtschaftlichen Gründen für die absehbare Zukunft nur mit einer „begrenzten Vielfalt" gerechnet werden, wie sie das Bundesverfassungsgericht für die Lage bei den überregionalen Tageszeitungen feststellt[15]. Allerdings spricht schon der Hinweis auf die begrenzte Vielfalt in einem Ausschnitt des Pressebereichs dafür, daß das Bundesverfassungsgericht von so rigorosen Anforderungen an den Rundfunk, wie sie ihm zugeschrieben werden, doch entfernt ist. Anderenfalls bliebe wohl nur die Rückkehr zu dem binnenpluralistischen Modell der öffentlich-rechtlichen Rundfunkanstalten. Diese Konsequenz wird auch gezogen; erst vor kurzem hat Walter Schmidt die „Bestandssicherung und Weiterentwicklung des öffentlich-rechtlich organisierten Rundfunks" als die „allein verbleibende Alterna-

---

[12] So etwa Angela *Bloem*, Die Organisation privaten Rundfunks im außerpluralen Modell, in: R. *Scholz* (Hrsg.), Wandlungen in Technik und Wirtschaft als Herausforderungen des Rechts, Köln 1985, S. 203 ff., 207.
[13] Etwa Martin *Stock*, Zur Theorie des Koordinationsrundfunks, Baden-Baden 1981, S. 109 ff.; Rolf *Groß*, DVBl. 1982, S. 569; Albert *Scharf*, Die Rundfunkfreiheit im Lichte der Rechtsprechung des Bundesverfassungsgerichts, in: Festschrift Faller, München 1984, S. 477 ff., 480; Wolfgang *Hoffmann-Riem*, Medienfreiheit und der außenplurale Rundfunk, AöR Bd. 109 (1984), S. 304 ff., 325; Albrecht *Hesse*, Die Organisation privaten Rundfunks in der Bundesrepublik, DÖV 1986, S. 177 ff., 185 Anm. 48.
[14] A. *Hesse* (Anm. 9), S. 185; *Hoffmann-Riem* (Anm. 9), S. 325 f.; Reinhard *Ricker*, Freiheit und Ordnung des Rundfunks nach dem dritten Rundfunkurteil des Bundesverfassungsgerichts, NJW 1985, S. 1925 ff., 1927.
[15] BVerfGE 57, 295, 322.

tive" bezeichnet, „die mit der Rundfunkgewährleistung des Art. 5 I 2 GG in Einklang zu bringen" sei. „Sie sollte zwanglos auch aus den politischen Ankündigungen über die Rückholbarkeit fehlgeschlagener Versuche folgen – wenn diese Ankündigungen denn ernst gemeint gewesen sein sollten"[16]. Bezogen auf das Berliner Modell ist diese Aufforderung allerdings mindestens verfrüht, da erst ein Fünftel bis ein Viertel der Versuchsdauer abgelaufen ist.

Vor allem Peter Lerche und Martin Bullinger haben der rigiden Ausdeutung des dritten Rundfunkurteils des Bundesverfassungsgerichts mit Argumenten widersprochen, die nach meiner Auffassung dem Gedankengang der Entscheidung eher entsprechen als die Gegenmeinung. Der Vielfaltsstandard müsse so gedeutet werden, daß außenplurale Modelle auch eine Chance haben könnten und nicht von Haus aus undurchführbar würden. Der Gesetzgeber müsse einen optimalen Vielfaltsstandard nach besten Kräften anstreben. Das Vielfaltsgebot sei ein Mindestgebot, das allerdings nicht zu eng verstanden werden dürfe. Mindestens dürfte hiernach eine Situation zu verlangen sein, die der einer „begrenzten Vielfalt" im Bereich der überregionalen Tageszeitungen entspricht. Bei der Betrachtung des Gesamtangebots der vorhandenen Programme seien auch die öffentlich-rechtlichen Anstalten einzubeziehen. Die Beurteilung der Vielfalt des Angebots dürfe nicht auf die privaten Veranstalter verengt werden; von diesen sei allerdings zu verlangen, daß nicht eine Richtung einseitig vorherrscht. Ausreichende Vielfalt wird nicht schon dadurch in Frage gestellt, daß sich einzelne Meinungen nicht beteiligen oder wieder ausscheiden[17].

---

[16] Walter *Schmidt*, Ordnung des Rundfunks im Zeitalter des Satellitenfernsehens, NJW 1986, S. 1792 ff., 1796.

[17] Peter *Lerche*, Beteiligung Privater im Rundfunkbereich und Vielfaltsstandard, NJW 1982, S. 1676 ff., 1678 f.; im Ergebnis übereinstimmend Martin *Bullinger*, Elektronische Medien als Marktplatz der Meinungen, AöR Bd. 108 (1983), S. 161 ff., 194 ff. Das Bundesverfassungsgericht ist im Urteil vom 4. November 1986 dieser Meinung weitgehend gefolgt. Es fordert nunmehr lediglich, „daß die Vorkehrungen, welche der Gesetzgeber zu treffen hat, dazu bestimmt und geeignet sind, ein möglichst hohes Maß gleichgewichtiger Vielfalt im privaten Rundfunk zu erreichen und zu sichern". Ein Grundstandard gleichgewichtiger Meinungsvielfalt „umfaßt aber nach wie vor die wesentlichen Voraussetzungen von Meinungsvielfalt, die gegen konkrete und ernsthafte Gefährdungen zu schützen sind: die Möglichkeit für *alle* Meinungsrichtungen – auch diejenigen von Minderheiten –, im privaten Rundfunk zum Ausdruck zu gelangen, und den Ausschluß einseitigen, in hohem Maße ungleichgewichtigen Einflusses einzelner Veranstalter oder Programme auf die Bildung der öffentlichen Meinung, namentlich die Verhinderung des Entstehens vorherrschender Meinungsmacht". (BVerfG EuGRZ 1987, 577 [587]).

14

Ich meine, daß mit diesen Überlegungen das Bundesverfassungsgericht zutreffend interpretiert wird. Es wird vielleicht in Kürze Gelegenheit nehmen, diesen Eindruck zu bestätigen oder auch zu korrigieren. Hieraus mögen sich Konsequenzen ergeben.

b) Folgerungen für das außenpluralistische Rundfunkmodell

Die Erwartung, Vielfalt könne allein durch die Zahl der verfügbaren Programme gesichert werden, hat sich weder in Berlin noch anderswo bisher erfüllt, noch wird sie sich in absehbarer Zeit erfüllen lassen. Die Zahl der verfügbaren Programme wird im Fernseh- wie im Hörfunkbereich vor allem aus finanziellen Gründen begrenzt bleiben.

Die Zahl der Programme besagt aber nur wenig über ihre unterschiedliche Bedeutung als Faktoren der Meinungsbildung. Auch die Einschaltquoten der bestehenden Fernsehprogramme sind kein absolut zuverlässiger Maßstab für ihren Einfluß auf die öffentliche Meinung. Auch im Pressebereich kann man nicht ohne weiteres davon ausgehen, daß die Presseerzeugnisse mit der höchsten Auflage den größten publizistischen Einfluß haben. Ein Nachrichten- oder Informationsprogramm hat einen anderen Einfluß auf die Meinungsbildung als ein Spartenprogramm aus Musik. Aber auch dieses ist nicht unbeachtlich, weil sein Einfluß darin besteht, von den Informationen vermittelnden Programmen Zuschauer abzuziehen. Die Hauptprogramme von ARD und ZDF lassen sich nur bedingt mit den öffentlich-rechtlichen Satellitenprogrammen vergleichen, die im wesentlichen frühere Sendungen wiederholen, und der meinungsbildende Einfluß des 3. Fernsehprogramms der Nordkette in Berlin ist ein anderer als der des 3. Programms des WDR oder des Bayerischen Rundfunks. Dies sind nur Beispiele, die noch fortgeführt werden könnten. Sie zeigen, wie schwierig es ist, aus dem faktischen Bestand der angebotenen Programme auf den Einfluß zu schließen, den sie auf die Meinungsbildung haben. Ebenso problematisch ist aber auch der Gegenschluß, der annimmt, daß bei einer geringeren Zahl zusätzlicher Programme die Meinungsvielfalt gefährdet sein müßte. Um hierüber Aussagen machen zu können, sind genauere projektbegleitende Untersuchungen erforderlich. Sie sind Bestandteil des Berliner Versuchs, werden aber zuverlässige Ergebnisse erst nach dessen Abschluß liefern können.

Es wäre voreilig, aus einer begrenzten Zahl von Programmen zu schließen, daß die Meinungsvielfalt nicht gesichert werden kann[18]. Nicht

---

[18] Nach BVerfG EuGRZ 1986, 577 (588) ist aber aus Gründen der Rechtssicherheit und Rechtsklarheit eine eindeutige Regelung erforderlich, wann eine Ausgewogenheit in Verbindung mit anderen Programmen gewährleistet ist. Das Bundes-

begründet ist auch die Meinung, daß nach den bisherigen Erfahrungen nur das öffentlich-rechtliche Rundfunkmodell als verfassungsrechtlich zulässige Möglichkeit verbleibt. Modelle in anderen Ländern, wie vor allem in Großbritannien, zeigen, daß neben dem öffentlich-rechtlichen privater Rundfunk bestehen kann, ohne daß sich hieraus Einseitigkeiten bei der Meinungsbildung ergeben müssen.

Entscheidend ist die Frage, welche Vorkehrungen unter den bestehenden konkreten Verhältnissen getroffen werden müssen, um das Gleichgewicht der Meinungen zu gewährleisten. Hierbei ist die Kernfrage, wie das richtige Verhältnis zwischen öffentlich-rechtlichem und privatem Rundfunk bestimmt wird. Wie das Bundesverfassungsgericht gesagt hat, reicht es nicht aus, zur Wahrung des Meinungsgleichgewichts auf die binnenpluralistische Struktur der öffentlich-rechtlichen Anstalten hinzuweisen und private Veranstalter von entsprechenden Verpflichtungen freizustellen[19]; vielmehr ist auch für diese eine Medienordnung vorzusehen[20].

Hieraus ergibt sich aber nicht die Notwendigkeit einer in jeder Beziehung gleichförmigen Behandlung. Würde von privaten Veranstaltern das gleiche verlangt wie von den öffentlich-rechtlichen Anstalten, so wäre es nur konsequent, ihnen dann auch einen Anteil an den Rundfunkgebühren zuzugestehen. Dies wäre aber nicht nur wegen der damit verbundenen finanziellen Belastung bedenklich, sondern vor allem wegen der freiheitsbeschränkenden Inanspruchnahme des einzelnen für Angebote, die er möglicherweise nicht wünscht und an deren Entgegennahme auch kein überwiegendes öffentliches Interesse besteht.

Näher liegt eine andere Folgerung: Wer sich nur aus Werbung finanzieren kann und daher große Zuschauerzahlen erreichen muß, kann nicht in gleicher Weise zur Veranstaltung von Programmteilen verpflichtet werden, welche die Vielfalt bereichern, aber auf ein geringeres Zuschauerinteresse stoßen, als Rundfunkanstalten, deren Finanzierung durch Gebühren nicht von hohen Einschaltquoten abhängt. Die Anforderungen an private Veranstalter werden auch danach zu bemessen sein, wie viele Zuschauer sie technisch erreichen können. Solange sie im Kabel nur einen Bruchteil der Zuschauer des öffentlich-rechtlichen Fernsehens erreichen,

verfassungsgericht führt hier beispielhaft § 11 Abs. 2 des Rundfunkgesetzes für das Land Schleswig-Holstein an.

[19] BVerfGE 57, 295, 324.

[20] Das Bundesverfassungsgericht hat aber geringere Anforderungen an den privaten Rundfunk zugelassen, solange und soweit die Wahrnehmung der essentiellen Funktionen des Rundfunks (Meinungs- und politische Willensbildung, Unterhaltung und Information sowie kulturelle Verantwortung) durch den öffentlich-rechtlichen Rundfunk wirksam sichergestellt ist: BVerfG EuGRZ 1986, 577 (587).

werden die Anforderungen an sie begrenzter sein. Dagegen steigen die Anforderungen, wenn diese Programme auch durch die Luft empfangbar sind und so höhere Zuschauerzahlen erreichen können.

Treten private Rundfunkveranstalter auf, so darf es hierdurch nicht zu Einseitigkeiten bei der Meinungsbildung kommen. Das Bundesverfassungsgericht hat aber nicht gefordert, daß sie die gleiche Meinungsvielfalt bieten müssen wie öffentlich-rechtliche Rundfunkanstalten. Der Gesetzgeber und die Kontrollorgane über den privaten Rundfunk sollten sich auf die abwehrende Funktion des Schutzes vor Einseitigkeiten konzentrieren. Der Schutz vor einseitiger Meinungsbeeinflussung ist auch rechtlich leichter zu fassen als der positive Aspekt der Herstellung von Meinungsvielfalt[21]. Wollte der Gesetzgeber oder das Kontrollorgan Meinungsvielfalt definieren, müßte über die Programminhalte bestimmt werden. Dies widerspräche dem Grundsatz der Staatsferne des Rundfunks. Ihm wird nur die Normierung einer begrenzten Staatsaufsicht gerecht, die nur der Aufgabe zu dienen hat, die Einhaltung der zur Gewährleistung der Rundfunkfreiheit ergangenen Bestimmungen sicherzustellen[22].

Selbst wenn man Vielfalt positiv bestimmen könnte, ist zu ihrer Verwirklichung Geld erforderlich. Es ist aber nicht Aufgabe der Überwachungsorgane, Programme zu finanzieren. Die öffentlich-rechtlichen Anstalten werden wesentlich aus Gebühren finanziert. Hieraus erwächst ihnen ein besonderer Auftrag. Eine Finanzierung, die der freien Entscheidung des Bürgers entzogen ist, bedarf der Legitimation. Problematisch sind die neuerdings verstärkt zu beobachtenden Tendenzen der öffentlich-rechtlichen Anstalten, das Verhalten privater Veranstalter vorwegzunehmen oder nachzuahmen, die auf Werbung angewiesen sind.

c) Vergabeprinzipien – Auswahl oder Aufteilung

Nach dem dritten Rundfunkurteil des Bundesverfassungsgerichts sind in die vom Gesetzgeber zu erlassenden Regelungen auch Zugangsregelungen aufzunehmen, aus denen sich die Maßstäbe für die Auswahl der Bewerber ergeben[23]. Das Berliner Gesetz hat Elemente sowohl des Verteilungs- wie auch des Auswahlprinzips aufgenommen. Nach dem Verteilungsprinzip werden die vorhandenen Kapazitäten unter den Antragstellern aufgeteilt, welche die formalen Voraussetzungen erfüllen. Sind die Kapazitäten begrenzt, so wird anteilig gekürzt. Dieses Prinzip bestimmt den Zugang zu dem eigentlichen Kabelpilotprojekt. Nach dem Auswahl-

---

[21] So auch BVerfG EuGRZ 1986, 577 (587).
[22] BVerfGE 57, 295, 326.
[23] BVerfGE 57, 295, 327.

prinzip wird dagegen der leistungsfähigste Antragsteller ausgewählt. Er allein erhält die Sendeerlaubnis, während andere Antragsteller leer ausgehen. Das Auswahlprinzip bestimmt in Berlin in modifizierter Form die Vergaberegelung für den drahtlosen Hörfunk.

Für beide Zugangsregelungen hat das Bundesverfassungsgericht in Ansätzen Mindestanforderungen bestimmt[24], denen der Berliner Gesetzgeber entsprochen hat. Dabei ist das Verteilungsprinzip problematischer, als das Bundesverfassungsgericht offenbar angenommen hat. Zwar entspricht es dem – vom Bundesverfassungsgericht ausdrücklich offengelassenen[25] – Ansatz, der von einem subjektiven Anspruch des einzelnen auf Veranstaltung von Rundfunk ausgeht. Erkennt man einen solchen Anspruch an, so ist es konsequent, möglichst alle Antragsteller zu berücksichtigen. Schwierigkeiten entstehen aber nur dann nicht, wenn keine Verteilungskonflikte entstehen, weil alle Antragsteller die von ihnen gewünschten Sendezeiten im wesentlichen erhalten können. Im Kabelpilotprojekt ist dies der Fall. Eine verhältnismäßige Aufteilung von Sendezeiten, wie sie das Bundesverfassungsgericht angeregt hat und manche Landesmediengesetze als letztes Mittel vorsehen, ist aber praxisfremd. Die Veranstalter haben sehr unterschiedliche Sendewünsche, von 5 Minuten monatlich bis zu 24 Stunden täglich. Wer mit einer anteiligen Kürzung seiner Wünsche rechnet, kann von vornherein umfassendere Anträge stellen oder mit Hilfe von Strohmännern Mehrfachanträge stellen. Solchen Umgehungsversuchen könnte nur mit Schwierigkeiten begegnet werden.

Vor allem aber ist in Berlin die Erfahrung gemacht worden, daß der Zuschauer und besonders im Hörfunk der Zuhörer offenbar nicht bereit ist, Kanäle mit aufgeteilten Sendezeiten zu akzeptieren. Hierdurch sinken die Chancen der Anbieter im Wettbewerb und verringert sich der erwünschte Zuwachs an Vielfalt. Auch aus diesen praktischen Erfahrungen ergibt sich, daß die Vielfalt des Programms sich nicht einfach aus einer Vielfalt der Veranstalter ergibt. Dies gilt verstärkt für die tatsächlichen Chancen der Einwirkung auf die öffentliche Meinungsbildung, die wesentlich von der Akzeptanz abhängen.

Dagegen stellt das Auswahlprinzip stärker auf die objektive Seite der Rundfunkfreiheit ab. Die Auswahl ermöglicht es, dem Ausgewählten stärkere Verpflichtungen aufzuerlegen. Es kann daher zu größerer Vielfalt beitragen. Andererseits besteht das bei starkem Wettbewerb schwierige Problem gerechter Auswahl. Der Gesetzgeber muß Auswahlgrundsätze

---

[24] BVerfGE 57, 295, 327.
[25] BVerfGE 57, 295, 318. Offen gelassen auch in BVerfG EuGRZ 1986, 577 ff.

festlegen. Das Vergabegremium – in Berlin ist dies der Kabelrat – muß eine objektive Prognose darüber aufstellen, wer die gesetzlichen Kriterien am ehesten erfüllen wird. Rechtsstreitigkeiten, die von abgewiesenen Bewerbern ausgehen, sind nach den Erfahrungen in anderen Bundesländern nicht auszuschließen. Die bisherige Berliner Vergabepraxis hat dazu geführt, daß auch im Rahmen des Auswahlprinzips nach Möglichkeit mehrere Antragsteller oder Anbietergemeinschaften berücksichtigt wurden, die Aussicht auf gemeinsames Handeln und damit eine längerfristige Bereicherung der Vielfalt boten.

d) Sicherung der Vielfalt durch Organisation

In der medienrechtlichen Diskussion haben die Begriffe „Außenpluralismus" und „Binnenpluralismus" eine Bedeutung erlangt, die ihren Wert für die Lösung der Probleme weit überschätzt. So wird aus dem Umstand, daß nur wenige neue Rundfunkveranstalter eine reale Aussicht haben, sich im Wettbewerb zu behaupten, der Schluß gezogen, der Außenpluralismus sei gescheitert; daher müsse man nun zu einem binnenpluralistischen System übergehen.

Hieraus würde sich keine Lösung der Probleme ergeben. Das binnenpluralistische System ist das Modell der Organisation öffentlich-rechtlicher Rundfunkanstalten. Es ist aber keine Garantie für Vielfalt, und über seine Effektivität kann man streiten. Die Rundfunkräte sind viel zu groß, in ihrer Arbeit zu schwerfällig und viel zu sehr in parteipolitisch orientierte Fraktionen aufgeteilt. Die bisherige Praxis läßt Zweifel entstehen, ob die Vertreter gesellschaftlich relevanter Gruppen und erst recht die Repräsentanten der politischen Parteien wirklich ihre Hauptaufgabe darin sehen, auf eine Bereicherung der Vielfalt hinzuwirken[26].

Bisher hat kein privater Veranstalter ein derartiges Modell übernommen. In einem durch scharfen Wettbewerb geprägten und privatrechtlich organisierten Unternehmen würde es aller Wahrscheinlichkeit nach jedenfalls nicht besser funktionieren als im öffentlich-rechtlichen Rundfunk. Näher liegt, daß es eine Alibifunktion ausüben würde, ohne wirkliche Bedeutung zu erlangen[27].

Außenpluralismus kann man auch als Form der Kontrolle durch außerhalb der jeweiligen Veranstalter stehende Organe verstehen. Überall, wo

---

[26] Zur Struktur und Praxis des NDR-Rundfunkrates vgl. Franz *Cromme*, Die Programmüberwachung des Rundfunkrates, NJW 1985, S. 351 ff.

[27] So auch BVerfG EuGRZ 1986, 577 (591): „Ein Einfluß der ‚maßgeblichen gesellschaftlichen Kräfte' von gleicher Intensität und Wirksamkeit wie innerhalb der öffentlich-rechtlichen Rundfunkanstalten kann ... im Bereich des privaten Rundfunks von Verfassungs wegen nicht verlangt werden."

bisher privater Rundfunk eingeführt ist, ist dies die Form der Kontrolle. Teils bestehen Kontrollgremien nach Art der Rundfunkräte, die aus den Vertretern gesellschaftlicher Gruppen zusammengesetzt sind. In Berlin und in ähnlicher Weise in Baden-Württemberg wurde dagegen nach angelsächsischem Vorbild das Ratsmodell eingeführt, bei dem das Kontrollgremium aus einer kleineren Zahl (in Berlin fünf) unabhängiger Persönlichkeiten besteht.

Eine Bewertung der unterschiedlichen Modelle setzt längere praktische Erfahrungen voraus. Die bisherigen, jetzt annähernd zweijährigen Erfahrungen in Berlin beurteile ich positiv. Jedenfalls bisher haben sich die in der Kritik am Berliner Gesetz geäußerten „verwaltungspraktischen Bedenken gegen den administrativen Außenpluralismus", die sich gegen die Zusammensetzung des Kabelrats richten[28], nicht bestätigt. Der Kabelrat hat sich bisher als unabhängig und insbesondere von parteipolitischen Einflüssen frei erwiesen. Verfassungsrechtliche Bedenken gegen seine Zusammensetzung sind nicht begründet. Das Bundesverfassungsgericht verlangt, daß die Vielfalt der gesellschaftlichen Meinungen und damit auch der in der Gesellschaft vertretenen Gruppen im Gesamtangebot des Programms zum Ausdruck kommt, nicht aber, daß hierüber gerade die Vertreter dieser Gruppen zu wachen haben[29]. Zumindest wird erprobt werden dürfen, ob nicht, wofür einiges spricht, andere Formen der Kontrolle effektiver sind als das den Rundfunkräten nachgebildete Modell.

IV. Bund und Länder – Sicherung der Vielfalt im Satellitenzeitalter

Abschließend soll ein Ausblick auf die künftige Entwicklung versucht werden, der über das Berliner Kabelpilotprojekt hinausführt, aber an die hier gewonnenen Erfahrungen anknüpft.

Die rechtliche Ordnung des privaten Rundfunks begann in dem kleinen Rahmen des Versuchsgesetzes für das Kabelpilotprojekt in Ludwigshafen. An ihm waren nur wenige tausend Teilnehmer beteiligt. Für das spätere Berliner Pilotprojekt hat der Gesetzgeber eine landesweite Grundlage geschaffen. Sie steht im Übergang zu den anderen landesweiten Regelungen durch die Mediengesetze der Länder, jedoch mit einer stärkeren Selbstbindung des Berliner Gesetzgebers, der die Erfahrungen auswerten und bei dem späteren Anschlußgesetz berücksichtigen will.

---

[28] Götz *Frank*, Zum Außenpluralismus des Berliner Kabelpilotprojekts, DÖV 1985, S. 97 ff., 101.

[29] BVerfGE 57, 295, 325. Dieser Punkt stand im Normenkontrollverfahren zum Niedersächsischen Landesrundfunkgesetz nicht zur Entscheidung.

Die Landesgesetzgeber interessierten sich vornehmlich für das Fernsehen und für den jeweiligen Landesbereich. Dabei wurden die überregionalen Aspekte vernachlässigt. Die Satellitenprogramme blieben unerwähnt oder spielten nur eine Nebenrolle. In der Praxis sind aber heute die über Satelliten verbreiteten Programme in den meisten Ländern die einzigen zusätzlichen Programme; dagegen fehlen originär nach Landesrecht veranstaltete Programme. Auch erlangten die Mediengesetze ihre eigentliche Bedeutung nicht für das Fernsehen, dem sie vornehmlich gewidmet waren, sondern für den Hörfunk.

Da Satelliten nicht nur in einem Bundesland, sondern über die nationalen Grenzen hinaus empfangbar sind, sind länderübergreifende Regelungen erforderlich[30]. Auch die Finanzierungsfragen erfordern eine überregionale Abstimmung. Es hat sich gezeigt, daß nicht jedes Bundesland sein eigenes Fernsehprogramm haben kann. Auch private Trägerschaft von Fernsehen führt nicht zu einer so erheblichen Verbilligung, daß Private mit geringerer finanzieller Ausstattung und schlechteren technischen Ausgangsbedingungen das erreichen könnten, was die öffentlich-rechtlichen Anstalten nicht geschafft haben. Die ARD wird, ungeachtet aller politisch bedingten Streitigkeiten, nicht auseinanderfallen, weil die Anstalten aus finanziellen Gründen auf Kooperation angewiesen sind. Keine der einzelnen ARD-Anstalten könnte für sich allein auch nur annähernd ein Programm erstellen, wie es im Verbund der ARD möglich ist.

All dies ist bekannt, aber es hat nicht zu gesetzgeberischen Konsequenzen geführt. Die Länder haben sich auch nach langen Bemühungen bisher nicht über einen neuen Staatsvertrag einigen können. Bisher gibt es nur Teilstaatsverträge mit der begrenzten Zielsetzung einer Vergabe der TV-Sat-Kanäle. Drahtlose Fernsehausstrahlung wird nach wie vor durch die Landesmediengesetze geregelt, obwohl es auch hier überregional ausgerichtete Programme geben wird. Zu Recht beklagen die Veranstalter überregionaler Programme, daß sie in jedem Land unterschiedlichen landesgesetzlichen Regelungen gegenüberstehen, die von jeweils verschiedenen Zulassungs- und Kontrollinstanzen überwacht und ausgeführt werden, obwohl das Programm in jedem Land das gleiche ist. Auf unterschiedliche Werbe- oder Jugendschutzregelungen können die Veranstalter technisch allenfalls so reagieren, daß sie das Programm dort, wo es unzulässig ist, ausblenden.

Nur in gewissem Umfang werden diese Mängel durch eine praktische Zusammenarbeit der unabhängigen Landesanstalten für Rundfunk und Neue Medien ausgeglichen, besonders in Fragen der Programmkontrolle, der Werbungsbeschränkungen und des Jugendschutzes.

---

[30] Dazu jetzt BVerfG EuGRZ 1986, 577 (597–600).

Privater Rundfunk ist weniger gebietsbezogen als der öffentlich-rechtliche. Private Veranstalter handeln wie andere Wirtschaftsunternehmen über Ländergrenzen hinweg. Sie haben ein legitimes Interesse an länderübergreifenden Regelungen. Gegenwärtig wird das Medienrecht der Länder mit ihrer Standortpolitik verknüpft. Der Wunsch der Länder, auch in Berlin, nach Ansiedlung von Medienunternehmen ist verständlich, aber es ist eine Fehlentwicklung, wenn die medienrechtliche Zulassung zum Instrument dieser Politik wird.

Die eigenartige Konsequenz dieser Entwicklung ist, daß Rundfunk zwar nach der Vorstellung des Grundgesetzes Sache der Länder ist, jedoch die Stellung des Bundes gestärkt wird, weil sich die Länder nicht einigen können. Die wesentlichen Entscheidungen zur Entwicklung der Rundfunkordnung sind bisher durch ein Verfassungsorgan des Bundes, das Bundesverfassungsgericht, getroffen werden, zu dessen Aufgaben es auch gehört, die föderalistische Struktur der Bundesrepublik zu sichern. Es sieht nicht so aus, als ob sich diese Lage in absehbarer Zeit ändern wird. Wenn die Länder, die zu Recht auf die Wahrung ihrer Eigenständigkeit bedacht sind, sich mit dem faktischen Übergang der Zuständigkeit im Rundfunkbereich auf den Bund nicht abfinden wollen, bleibt ihnen ungeachtet aller Schwierigkeiten nur der mühsame Weg der Verständigung[31].

Mit zunehmender Einführung der Satellitentechnik wird auch eine auf das Gebiet der Bundesrepublik beschränkte Betrachtungsweise nicht mehr ausreichen[32]. Es entspricht dem Grundrecht auf Informationsfreiheit, daß jedermann nach Maßgabe der technischen Möglichkeiten auch ausländische Sender empfangen kann. Diese wirken so an der Meinungsbildung ohne Rücksicht darauf mit, ob sie den Grundsätzen der inländischen Rundfunkordnung entsprechen.

In Berlin ist dies, bezogen auf die DDR, alltägliche Erfahrung. Im Berliner Kabelnetz werden auch die Programme des DDR-Fernsehens verbreitet, so wie sich auch westliche Fernsehprogramme in Kabelanlagen der DDR empfangen lassen. Die Informationsfreiheit hat Vorrang gegenüber einer Sicherung der Grundsätze für Rundfunkveranstaltungen. Daher muß das DDR-Fernsehen im Berliner Kabelnetz verbreitet werden, während ein Programm aus dem Geltungsbereich des Grundgeset-

---

[31] BVerfG EuGRZ 1986, 577 (597): „Ein funktionierendes System der Verbreitung hängt ... von einer Koordination der landesgesetzlichen Regelungen und damit von einer Kooperation der Länder ab." Das Bundesverfassungsgericht folgert dies aus dem Grundsatz bundesfreundlichen Verhaltens.
[32] BVerfG EuGRZ 1986, 577 (578 f.): Anzeichen für die Entstehung eines europäischen, wenn nicht über Europa hinausreichenden Rundfunkmarktes.

22

zes, das hinter den Anforderungen des Bundesverfassungsgerichts zurückbleibt, nicht eingespeist werden dürfte.

Bisher waren grenzüberschreitende Sendungen, abgesehen von Grenzregionen, nur im Hörfunk bekannt. Mit der Entwicklung der Satellitentechnik werden sie auch im Fernsehen alltäglich werden. Da ausländische Programme nicht verhindert werden können oder sollen, entsteht ein neuartiger Wettbewerb inländischer Veranstalter mit hier empfangbaren ausländischen Programmen. Würden dem inländischen Veranstalter bei uns allzu strenge Verpflichtungen auferlegt werden, die stärker sind, als er sie im Ausland vorfindet, könnte er versucht sein, dorthin abzuwandern, ohne damit den deutschen Zuschauermarkt endgültig zu verlieren. Bestehen dagegen bei uns faire Entwicklungschancen, so entfällt der Anreiz für eine Ausstrahlung vom Ausland her. Das zeigt das Beispiel von Radio Luxemburg, das den Sitz seines Fernsehprogramms nach Deutschland verlegen will, nachdem der Vorteil des „Zollfreigebiets Luxemburg" entfallen ist.

Aus dieser Entwicklung ergeben sich neue Perspektiven für eine Harmonisierung des Rundfunkrechts in Europa. Die Kommission der Europäischen Gemeinschaften hat hierzu ein Grünbuch und inzwischen auch den Entwurf einer Richtlinie vorgelegt[33]. Allerdings ist Rundfunk nicht nur eine wirtschaftliche Dienstleistung, er ist auch ein kulturelles Gut[34], das besonderer Regelungen etwa zur Frage der Werbungsbegrenzungen, zum Jugendschutz und zu urheberrechtlichen Fragen bedarf.

Diese Hinweise auf die weitere Entwicklung bedeuten nicht, daß die nach deutschem Verfassungsrecht gebotene Sicherung der Vielfalt obsolet würde. Ausländische Programme haben nur einen untergeordneten Einfluß auf die inländische Meinungsbildung. Die vom Bundesverfassungsgericht aufgestellten, in näherer Zukunft möglicherweise weiterentwickelten Grundsätze werden weiterhin zu beachten sein.

Dabei stellen sich zusätzliche Fragen, die wohl vor allem in dem Rechtsstreit um das Landesmediengesetz Baden-Württemberg zu beantworten sein werden:

Die Ministerpräsidenten der Bundesländer wollen sowohl den Bestand und die Entwicklung der öffentlich-rechtlichen Rundfunkanstalten gewährleisten als auch privaten Veranstaltern Entwicklungschancen geben. So einfach das Prinzip klingt, so schwierig ist es, es in die Praxis umzusetzen.

---

[33] Auch der Europarat wird tätig: Am 9./10. 12. 1986 fand die erste europäische Ministerkonferenz über Medienpolitik in Wien statt.
[34] Vgl. Art. 10 EMRK.

Private und öffentlich-rechtliche Veranstalter konkurrieren um die technischen Voraussetzungen für die Veranstaltung von Programmen. Das Kabel hat Platz für beide. Aber die privaten Veranstalter fürchten, daß ihnen die Vielzahl öffentlich-rechtlicher Programme die Entwicklung erschwert. Im terrestrischen Bereich sind die verfügbaren Frequenzen bisher, insbesondere im Fernsehen, zwischen den öffentlich-rechtlichen Anstalten aufgeteilt worden. Jetzt wollen auch Private beteiligt werden. Manche Frequenzen sollen unter dem Stichwort der Restversorgung in geographisch ungünstigen Gebieten Zuschauer mit Programmen in besserer Bildqualität versorgen. Würden sie privaten Veranstaltern zur Verfügung gestellt, so könnten diese Ballungsgebiete erreichen und damit eine erhebliche Verbesserung ihrer Werbeeinnahmen herbeiführen. Der Gesetzgeber steht vor der Frage, ob die öffentlich-rechtlichen Anstalten im Hinblick auf künftige, noch ungewisse Programmplanungen Frequenzen „besetzen" dürfen oder ob diese privaten Veranstaltern zugeteilt werden können. Können, wie der baden-württembergische Gesetzgeber entschieden hat, bestimmte Programmformen wie etwa regionale Programme den privaten Veranstaltern vorbehalten und die öffentlich-rechtlichen Anstalten auf ihr bisheriges Programm beschränkt werden, oder dürfen umgekehrt die öffentlich-rechtlichen Anstalten bestimmte Felder mit der Folge besetzen, daß dann Private insoweit ausgeschlossen werden? Welche Rolle spielt hierbei der Umstand, daß die öffentlich-rechtlichen Anstalten durch Gebühren finanziert werden[35]?

Dies sind nur einige der Fragen, mit denen sich das Bundesverfassungsgericht auseinandersetzen wird. Seiner Antwort will ich nicht vorgreifen; sie wird von vielen mit Spannung erwartet werden. Bisher hat sich die rechtliche Diskussion vor allem mit der Frage beschäftigt, ob überhaupt private Veranstalter zugelassen werden können oder müssen. Dies ist eine zu schmale Betrachtungsweise. Künftig wird es um die Gestaltung eines dualen Rundfunksystems gehen, in dem öffentlich-rechtliche und private Veranstalter nebeneinander bestehen können. Dabei wird auch der Spielraum des Gesetzgebers neu zu überdenken sein. Weiterer Klärung bedarf auch die Rolle der unabhängigen Landesanstalten für Rundfunk und Neue Medien.

Es ist meine Hoffnung, daß die in Berlin bisher gesammelten und künftig zu erwartenden Erfahrungen einen Beitrag zu der weiteren Diskussion liefern können. Dies gilt auch für das Bemühen um einen fairen Interessenausgleich zwischen den öffentlich-rechtlichen und den privaten Veranstaltern, die sich um die im Berliner Pilotprojekt verfügbaren

---

[35] Allgemeine Feststellungen hierzu in BVerfG EuGRZ 1986, 577, 587.

24

Kanäle beworben haben. In dem nach dem Berliner Gesetz zur Unterstützung des Kabelrates gebildeten Koordinierungsausschuß waren beide Gruppen vertreten. Die mit diesem Gremium gemachten Erfahrungen waren sehr positiv. Es ist gelungen, den Wettbewerb um besonders begehrte Sendezeiten so einvernehmlich zu regeln, daß alle Interessenten einen angemessenen Platz erhalten konnten. Dies ist nur ein kleines und vielleicht nicht verallgemeinerungsfähiges Beispiel für den Ausgleich unterschiedlicher Interessen, wie sie bei der weiteren Entwicklung einer dualen Rundfunkordnung in größerem Rahmen aufeinandertreffen werden. Aber es zeigt, daß ein Ausgleich nicht unmöglich ist. Dieser ist eine wichtige Voraussetzung zur Sicherung der Meinungsvielfalt, die verfassungsrechtliches Gebot ist.